CB071822

Sabores de Nárnia

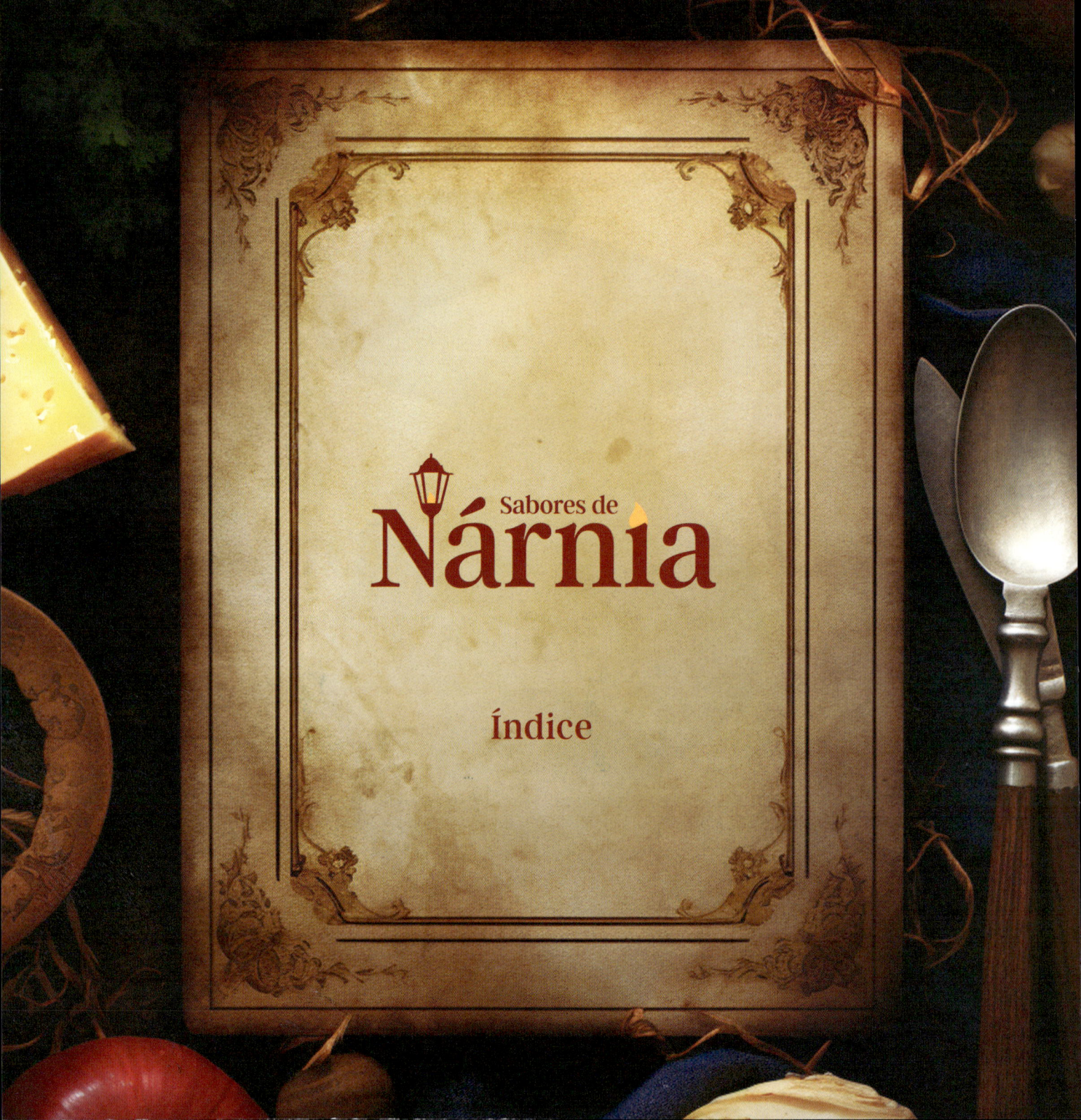

Índice

Introdução	**pág. 06**
Café da manhã (inglês) do Shasta	**pág. 08**
Ovos mexidos de um Fauno	**pág. 10**
Omelete do Brejeiro	**pág. 12**
Torradas do Aravis	**pág. 14**
Chocolate quente do Sr. Tumnus	**pág. 16**
Bebida quente de Jadis	**pág. 18**
Mingau à moda narniana	**pág. 20**
Peixe assado de Aslam	**pág. 22**
Almoço do Anão Poggin	**pág. 24**
Manjar turco da Feiticeira Branca	**pág. 26**
Puxa-puxa do Mago	**pág. 28**
Scones da Rainha Gigante	**pág.30**
Chá com o Sr. e a Sra. Castores	**pág. 32**
Geladinho da Arquelândia	**pág. 34**
Biscoitos de Batalha do Tirian	**pág. 36**
Biscoitos natalinos de Nárnia	**pág. 38**
Conclusão	**pág. 40**
Bibliografia	**pág. 42**
Crie sua própria receita	**pág. 44**

Sabores de Nárnia

por Vinícius A. Miranda

Direção Editorial: **Sinval Filho**
Direção de Produtos e MKT: **Luciana Leite**
Projeto Gráfico: **Vinícius Amarante**
Revisão: **Rafaella Canquerino Ribeiro**

Lion Editora
Rua Dionísio de Camargo, 106 - Osasco/SP, CEP 06086-100
contato@lioneditora.com.br
(11) 4379-1226 | 4379-1246 | 98747-0121

@lioneditora

Copyright 2024 por Lion Editora

Todos os direitos são reservados à Lion Editora e protegidos pela Lei n. 9.610, de 19/02/1998. É expressamente proibida a reprodução total ou parcial deste livro, por quaisquer meios eletrônicos, mecânicos, fotográficos, gravação e outros, sem prévia autorização por escrito da editora. A versão da Bíblia utilizada nas citações contidas nessa obra é a Nova Versão Internacional (NVI), salvo ressalvas do autor. Este livro é uma publicação independente, cujas citações a quaisquer marcas ou personagens são utilizados com a finalidade de estudo, paráfrase e informação.

Sabores de Nárnia

Introdução

"Comer e ler são dois prazeres que se combinam admiravelmente".
C. S. Lewis.

Certo dia, um grupo de jovens se aproximou de mim com uma câmera na mão e perguntou: "Pastor, o que o senhor mais deseja fazer quando chegar ao Céu?" A resposta a essa pergunta seria levada em consideração, pois esses jovens planejavam algo especial em nossa igreja. De forma simples e descontraída, respondi: "Quero poder comer sem engordar!"

Eu sei que para alguns, essa pode ser uma resposta "sem sentido", mas quem é ao menos um pouco gordinho me entenderá muito bem... É lógico que quero finalmente me encontrar com Jesus, face a face, mas se você começar a pesquisar em sua Bíblia, verá que a comida sempre foi importante para Jesus e, obviamente, para Deus também. Apenas para dar alguns exemplos, um dos símbolos cristãos da nova aliança tem a ver com a comida: pão e suco de uva. Jesus, depois de ressuscitado, preparou o primeiro *McFish* da história para seus discípulos. Quando chegarmos ao Céu, a Bíblia diz que teremos um banquete! Gosto de brincar, dizendo que comida é tão boa que começa com a letra "C", de Céu.

Quando minha esposa ficou grávida, comecei a ler muito sobre educação, e uma das coisas que descobri - que tem a ver com comer juntos - me marcou demais. Fizeram uma pesquisa para descobrir o que os filhos daqueles que foram presos, que usavam drogas, faziam sexo antes do casamento, ou seja, aqueles que davam mais "dor de cabeça" aos pais, tinham em comum. Descobriram que mais de 80% deles não tinham as três refeições juntos com seus pais. Ou seja, os que conseguiram comer com seus pais foram se tornando pessoas com menos problemas. Por causa disso, decidi, sempre que possível, ter as três refeições com meu filho. Percebe como é importante comermos juntos?

A comida tem um "poder" especial. Se você está em uma reunião sem comida, provavelmente ela será enfadonha, entediante. Coloque uma refeição, e isso mudará tudo! Comer juntos não é apenas uma necessidade física (e precisamos comer pelo menos duas vezes por dia!), mas também uma necessidade emocional e, por que não dizer, espiritual. Compartilhar a mesa nos ajuda a fortalecer nossas amizades, a nos unir e aprofundar nossos relacionamentos.

E quando decidimos lançar uma nova versão do livro *"O Outro Nome de Aslam: A Simbologia Bíblica nas Crônicas de Nárnia"*, logo pensei que ele deveria ser acompanhado por um livro de receitas de Nárnia. Afinal, quem nunca teve vontade de provar o manjar turco, mas sem trair seus irmãos? Sem dúvida alguma, sua experiência com Nárnia será muito mais "saborosa" ao experimentar essas receitas selecionadas com muito carinho para você! Elas serão até mesmo um motivo extra para você convidar seus familiares ou amigos e compartilhar essas iguarias!

Um dos livros que usamos como bibliografia, *"The Unofficial Narnia Cookbook"* (O Livro de Receitas Não Oficiais de Nárnia), traz uma citação maravilhosa de C. S. Lewis que, em uma tradução livre, seria:

> *"Você nunca conseguirá uma xícara de chá grande o suficiente ou um livro longo o suficiente para me satisfazer"*. Lewis explicou um dia também que escreveu muito sobre comida, não porque achava que era sobre isso que as crianças queriam ler, mas porque ele próprio gostava de comer muito bem.

Acredito que Lewis conhecia bem o trecho de 2 Reis 25:29 que diz: **"e pelo resto de sua vida comeu à mesa do rei"**. Esse é o nosso maior sonho: poder comer à mesa do Rei dos reis. Mas, enquanto esse momento não chega, de comer com Ele e conhecer um mundo incrível, muito, mas muito mais encantador que Nárnia, você pode preparar uma boa xícara de chá (que também aprenderá nesse livro) e se deliciar com essa leitura!

Café da manhã

Café da manhã (inglês) do Shasta

Nível de dificuldade: 🏮🏮🏮

O café da manhã é amplamente reconhecido como a refeição mais importante do dia, e isso não é diferente para os ingleses. Na cultura britânica, o desjejum é levado a sério e é considerado uma parte essencial do dia a dia. Os ingleses costumam desfrutar de um café da manhã substancial, conhecido como *"English Breakfast"* (que também vemos em Nárnia, como no livro *"O Cavalo e seu menino"*, no capítulo 12). Essa refeição tipicamente consiste em bacon, ovos, salsichas, feijão cozido, cogumelos, tomate grelhado e torradas. O hábito do café da manhã completo reflete não apenas a importância de começar o dia com energia, mas também a tradição de apreciar uma refeição social e reconfortante.

É na mesa do café da manhã que a inspiração se mistura ao sabor e às conversas agradáveis, criando momentos de deleite que ecoam em "saborosas" histórias com sucesso e encantamento (como em Nárnia). Por isso, começaremos com algumas receitas de nossa primeira refeição do dia!

Ingredientes

- 2 ovos
- 2 salsichas (preferencialmente de frango)
- 2 fatias de pão de forma
- 3 cogumelos frescos
- Azeite de oliva
- 1 lata de feijão cozido em molho de tomate
- 2 tomates
- Sal e pimenta

Modo de Preparo

- Em uma frigideira, coloque as salsichas para cozinharem primeiro. Deixe-as cozinhar lentamente até ficarem douradas.
- Enquanto as salsichas cozinham, corte os cogumelos em quatro partes e refogue-os em uma frigideira *(com um pouquinho de azeite)*.
- Corte os tomates ao meio, coloque uma pitada de sal e leve-os ao forno por cerca de 15 minutos, até ficarem assados.
- Enquanto os tomates assam, aqueça o feijão e adicione o molho de tomate *(sim, eles gostam desse jeito...)*.
- Frite os ovos enquanto torra as fatias de pão *(se quiser, depois passe manteiga neles)*.
- Num prato grande, sirva a combinação junta e aproveite!

Mateus 4:4 nos ensina uma verdade fundamental: "Nem só de pão viverá o homem, mas de toda palavra que procede da boca de Deus". Assim como o café da manhã é considerado a refeição mais importante do dia, nos preparando para enfrentar o que está por vir com energia (veja só, até rimou =), precisamos, da mesma forma, nos nutrir espiritualmente com a Palavra de Deus assim que acordamos. Faça de cada manhã o seu momento para se conectar com Ele. É nesta hora, quando nossa mente está mais livre das preocupações, que o Espírito Santo tem a oportunidade de falar mais claramente aos nossos corações (juro que não rimei novamente de propósito =).

Café da manhã

Ovos mexidos de um Fauno

Nível de dificuldade:

No Brasil, estamos mais acostumados a comer pão com manteiga e café com leite pela manhã. No entanto, em vários países, o desjejum é uma refeição mais completa. Em muitos lugares, é comum desfrutar de ovos mexidos no café da manhã, e essa é uma receita deliciosa! Além disso, você se sentirá saciado por mais tempo. No livro *"A Cadeira de Prata"* (capítulo 16), descobrimos qual é a comida favorita de um fauno: ovos mexidos com torradas!

Ingredientes

- 1 colher de sopa de manteiga
- 8 ovos grandes
- 50ml de creme de leite
- Sal, a gosto
- Pimenta preta moída na hora, a gosto
- 1 copo de queijo ralado

(para ficar mais gostoso, é melhor comprar um pedacinho de queijo e ralar na hora)

Modo de Preparo

- Aqueça a manteiga em uma frigideira grande em fogo baixo.
- Enquanto a manteiga está derretendo, misture os ovos, o creme de leite, o sal e a pimenta.
- Despeje o queijo à mistura na frigideira e, em seguida, cozinhe em fogo médio-baixo, mexendo e raspando constantemente com uma colher de pau, até perceber que o ovo está ficando pronto.

Assim como esses ovos mexidos de um Fauno nos preparam para o dia que está por começar, dedicar um tempo de qualidade à Palavra de Deus todas as manhãs nutre nossa alma e espírito. **Em Hebreus 5:12-14, somos encorajados a crescer além do leite espiritual, buscando o alimento sólido da Palavra de Deus.** Não se trata apenas de ler um versículo rapidamente, mas de mergulhar verdadeiramente nas Escrituras, permitindo que o que aprendemos molde nossa vida e oriente nossas decisões. Da mesma forma que o corpo precisa de uma boa refeição pela manhã, nossa espiritualidade também precisa de um alimento robusto e constante. Que nossos devocionais não sejam meros fast-food espirituais, mas reais banquetes que saciam a nossa alma.

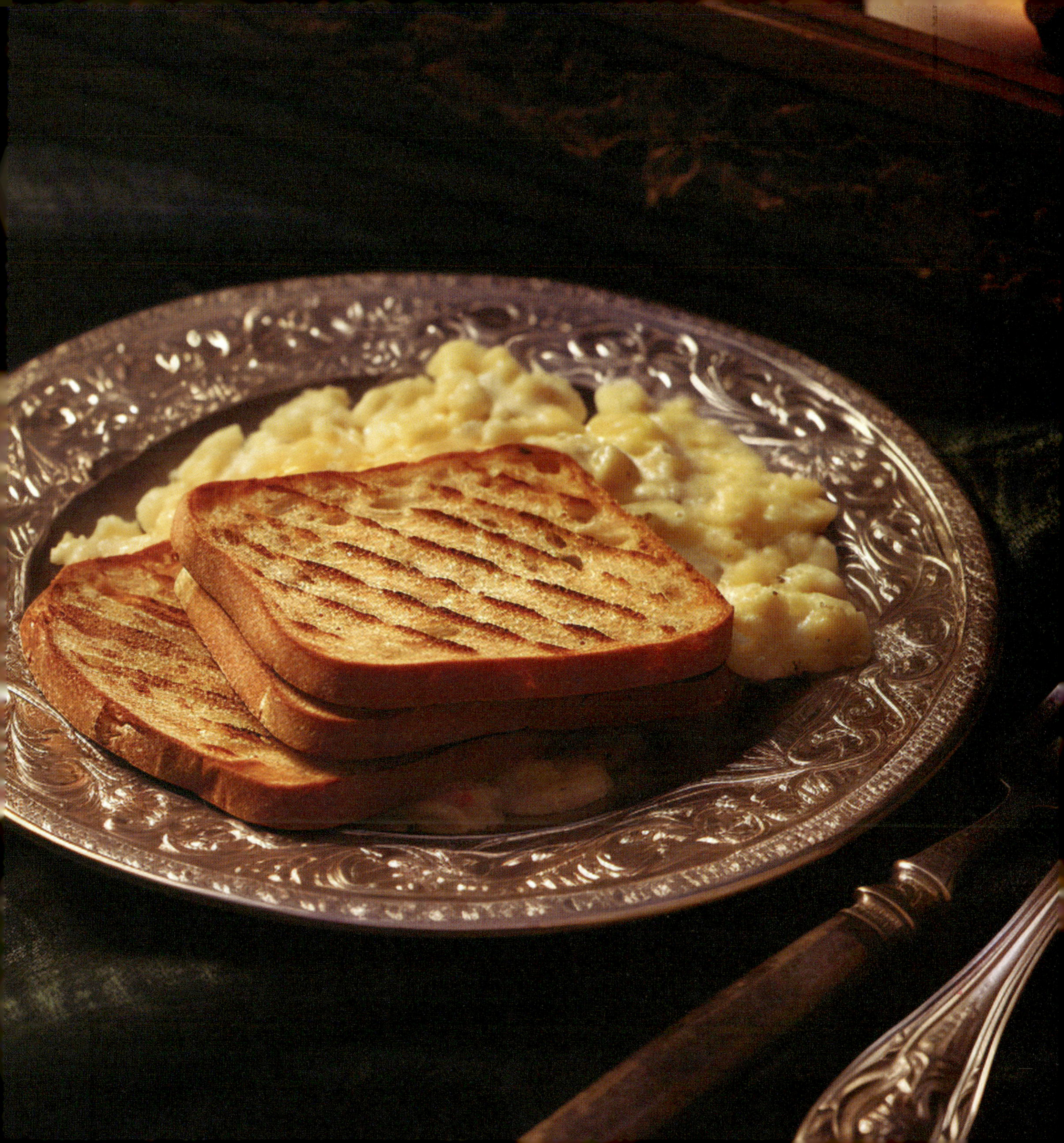

Café da manhã ou janta

Omelete do Brejeiro

Nível de dificuldade: 🏮🏮○○○

A omelete tem uma longa história que remonta à antiguidade. Embora sua origem exata seja incerta, acredita-se que a omelete tenha suas raízes no Oriente Médio, onde os ovos eram misturados com outros ingredientes e cozidos em fogo baixo. Ao longo dos séculos, a omelete ganhou popularidade em diferentes culturas, sendo apreciada como uma refeição rápida e nutritiva. Hoje em dia, existem inúmeras variações de omelete em todo o mundo, com diferentes combinações de ingredientes que a tornam uma opção irresistível para qualquer hora do dia. A partir de agora, você terá acesso à minha receita mais secreta, que, sem dúvida alguma, encantaria o Brejeiro!

Ingredientes

- 1 cebola
- 4 ovos
- Orégano, a gosto
- 3 fatias de queijo
- Sal e pimenta, a gosto

Modo de Preparo

- Pique a cebola e refogue-a em uma frigideira.
- Quebre os ovos em um recipiente e misture-os com orégano, fatias de queijo picadas, sal e pimenta a gosto. Uma dica especial: caso tenha algum tempero de "miojo" sobrando, também pode adicioná-lo à mistura, proporcionando um sabor ainda mais delicioso!
- Adicione os ovos à frigideira juntamente com a cebola refogada. O grande segredo desta omelete está no ponto de cozimento. Ao contrário da maioria das omeletes bem torradas, a ideia dessa receita é não fritar os ovos em excesso, mantendo-os mais suculentos.

Assim como a omelete, com sua história milenar e sua capacidade de se reinventar através de diferentes culturas e ingredientes, a Palavra de Deus é eterna e versátil, falando a nós em todas as circunstâncias da vida. **Em 2 Timóteo 3:16-17, somos lembrados de que toda a Escritura é inspirada por Deus, servindo não apenas para nos ensinar, mas também para nos corrigir, repreender e nos educar na justiça.**

Da mesma forma que a omelete do Brejeiro pode ser adaptada ao gosto de cada um, a Bíblia oferece orientação personalizada para cada coração e situação, equipando-nos "para toda boa obra". Que possamos ser como a omelete: flexíveis e prontos para receber os ingredientes que Deus deseja adicionar à nossa vida, permitindo que Sua Palavra nos transforme e nos prepare para servir de forma única e eficaz no Seu reino.

Café da manhã

Torradas do Aravis

Nível de dificuldade: 🏮🏮🏮🏮

Geralmente, a maioria de nós prefere torrar o pão quando ele está mais velho, mas nas terras de Lewis, também era costume torrar o pão (mesmo fresco) antes de comê-lo. E o maior segredo de uma deliciosa torrada está em torrar e comer imediatamente, enquanto ainda está quentinha. No capítulo 7 do livro *"O Cavalo e seu menino"*, vemos que Aravis gostava de torradas, especialmente com geleia de morango. Foi lendo essa parte do livro que lembrei da torrada mais gostosa que experimentei em toda a minha vida, à qual chamei de Torrada de Aravis.

Ingredientes

- Pão *(pode ser aquele que está mais velhinho)*
- Manteiga
- Creme de amendoim
- Mel
- Geleia de morango

Modo de Preparo

- Pré-aqueça o forno a 180°C *(ou utilize uma torradeira, se disponível)* e coloque o pão para torrar.
- Após o pão ficar quente, espalhe a manteiga sobre ele e observe essa delícia derreter *(essa é a versão mais simples)*.
- Outra opção deliciosa é a torrada que os americanos estão acostumados a saborear: com creme de amendoim! Mas aqui está o segredo: se o creme de amendoim não for doce, adicione mel e aproveite para acrescentar também uma colherzinha de geleia de morango. Essa combinação tornará sua torrada ainda mais saborosa e irresistível.

Na oração do Pai nosso, encontramos uma promessa que pode até parecer simples à primeira vista: **"o pão nosso de cada dia nos dá hoje" Mateus 6:11. Esta parte da oração do Pai Nosso nos faz lembrar da constante provisão de Deus.** Mas perceba o detalhe: Deus não está nos prometendo um banquete todos os dias, mas sim a garantia de que o essencial não nos faltará, o maravilhoso pão de cada dia.

Nas terras de C.S. Lewis, o ato de torrar o pão, seja ele fresco ou não, transforma um alimento comum em uma refeição com um sabor especial. Da mesma forma, Deus, em Sua sabedoria e misericórdia, frequentemente transforma o ordinário em extraordinário, fazendo de um simples pão uma refeição maravilhosa.

Café da manhã ou sobremesa de um jantar

Chocolate quente do Sr. Tumnus

Nível de dificuldade:

O chocolate quente tem uma história fascinante que remonta às antigas civilizações mesoamericanas. Foi nas terras dos astecas e maias que as sementes de cacau foram cultivadas e transformadas em uma bebida quente e espumosa. Os nativos valorizavam tanto o cacau que o consideravam um presente divino. No entanto, o sabor do chocolate quente era bem diferente do que conhecemos hoje. Era uma mistura de cacau moído, especiarias e, às vezes, até pimenta. A bebida era apreciada por sua energia revigorante e atribuída a propriedades medicinais. Com o passar dos séculos, o chocolate quente chegou à Europa, onde adquiriu um novo paladar com a adição de açúcar e leite. Desde então, essa maravilhosa bebida se espalhou pelo mundo, trazendo consigo todo o encanto e sabor que nos aquecem até os dias de hoje.

Como uma figura amigável e gentil, o Sr. Tumnus é retratado nas Crônicas como alguém que sempre valorizou os prazeres simples da vida. Por isso, eu gosto de imaginar que, em algum momento, ele tenha desfrutado de um copo quente de chocolate em Nárnia, talvez durante uma das suas pausas relaxantes no inverno.

Ingredientes

- 6 colheres de sopa de chocolate em pó
- 6 colheres de chá de açúcar
  se o achocolatado já for doce, não adicione mais açúcar, sua saúde agradece =)
- 1 pitada de sal
- 1 pitada de canela em pó
- 2 ½ xícaras de leite
- 2 ½ xícaras de creme de leite
- 1 ½ colher de sopa de essência de baunilha

Modo de Preparo

- Em uma panela, misture o chocolate em pó, o açúcar, a pitadinha de sal e a canela.
- Adicione o leite aos poucos e misture os ingredientes.
- Ligue o fogo assim que iniciarem a se dissolver.
- Quando começar a aquecer, adicione o creme de leite e a essência de baunilha.
- Mantenha essa linda misturada aquecida, mas evite que ela ferva.
- Sirva em canecas e aproveite!

Hebreus 13:2 nos encoraja a ir além do esperado numa sociedade muitas vezes voltada para si mesma: "Não esqueça da hospitalidade, porque, graças a ela, alguns hospedaram anjos sem saber". Esse versículo chama a atenção para algo que o Sr. Tumnus sabia muito bem: o poder de um gesto de carinho, como oferecer um chocolate quente numa tarde fria. Esse ato simples vai além de só esquentar o corpo, é um gesto de acolhimento, um sinal que estamos abertos a compartilhar um pouco de nosso lar com os outros.

Inspirado pelo exemplo deixado pelas Escrituras e por personagens tão queridos quanto o Sr. Tumnus, que sejamos mais hospitaleiros, gentis, pois como diria o ditado: gentileza gera gentileza.

Café da manhã ou para sobremesa de um jantar

Bebida quente de Jadis

Nível de dificuldade:

A Feiticeira Jadis, também conhecida como Rainha Branca, oferece a Edmundo uma bebida quente para seduzi-lo e conquistar seu favor (capítulo 4 de *"O Leão a Feiticeira e o Guarda-roupa"*). Essa bebida, supostamente tentadora e reconfortante, carrega consigo algo misterioso que corrompe a mente e o coração de Edmundo. Essa oferta aparentemente inocente de uma bebida quente representa o início de uma jornada sombria e perigosa para Edmundo, levando-o a enfrentar as consequências de suas escolhas e descobrir o verdadeiro poder da Feiticeira Jadis.

Assim como Edmundo se viu tentado pela bebida quente oferecida por Jadis, é difícil resistir à curiosidade de saber qual era o sabor dessa misteriosa e sedutora bebida. Não é que eu queira brincar com a tentação, mas já que o objetivo deste livro de receitas é proporcionar a você o verdadeiro "sabor" de Nárnia, seria impossível deixar de incluir essa receita especial. E posso te confessar algo, não foi à toa que Edmundo acabou caindo! =)

Ingredientes

- 2 xícaras de leite
- 1/2 xícara de creme de leite
- 3 colheres de sopa de açúcar
- 1 colher de chá de essência de baunilha
- 1 Pitada de sal
- Noz-moscada ralada para enfeitar *(opcional)*

Modo de Preparo

- Em uma panela, aqueça o leite em fogo médio até que esteja quente, mas não deixe ferver.
- Adicione o creme de leite e o açúcar à panela, mexendo bem até que o açúcar se dissolva completamente.
- Retire a panela do fogo e adicione a essência de baunilha e a pitada de sal. Mexa bem para combinar todos os ingredientes.
- Se desejar, você pode bater a mistura no liquidificador por alguns segundos para obter uma textura mais cremosa.
- Despeje a bebida quente em xícaras ou canecas.
- Se quiser, decore com noz-moscada ralada.
- Sirva imediatamente e aproveite a deliciosa bebida quente de Jadis!

Assim como Edmundo se deixou seduzir pela bebida quente de Jadis, todos nós enfrentamos tentações em nossas vidas que podem parecer inofensivas à primeira vista, mas carregam grandes consequências. **Tiago 1:14-15 nos alerta sobre como somos atraídos e seduzidos pelos nossos próprios desejos que, se não forem controlados, podem nos levar por caminhos sombrios e perigosos.**

A trajetória de Edmundo mostra que, mesmo diante de enganos e tentações como essa bebida quente, a redenção e o perdão estão ao nosso alcance. Que essa bebida não desperte apenas nossa curiosidade sobre o seu sabor, mas também sirva como um alerta para refletirmos sobre nossas escolhas e na chance que temos de sermos redimidos. Que tenhamos a sabedoria para identificar as tentações disfarçadas e a força para buscar o perdão e o recomeço que o verdadeiro Leão nos oferece.

Café da manhã

Mingau à moda narniana

Nível de dificuldade:

O mingau é uma deliciosa preparação que nos remete a momentos aconchegantes e memórias afetuosas. Talvez seja por isso que ele aparece várias vezes nas crônicas de Nárnia (tanto em *"O Cavalo e seu menino"*, como em *"A Última Batalha"*, no capítulo 6). É uma opção versátil, podendo ser apreciado no café da manhã, lanche da tarde ou até mesmo como uma sobremesa. Seja de aveia, milho, arroz ou outros grãos, o mingau seria como um verdadeiro conforto em forma de comida, nos transportando a "outro mundo", como se fosse Nárnia!

Ingredientes

- 2 xícaras de leite integral
- 6 colheres de sopa de aveia em flocos
- Pitadas de sal
- Creme de leite e mel *(opcional)*
- Canela em pó *(opcional)*

Modo de Preparo

- Em uma panela, misture a aveia em flocos, o leite e o sal.
- Cozinhe em fogo médio-alto, mexendo ocasionalmente, até que bolhas comecem a se formar nas laterais *(cerca de 5 minutos)*.
- Reduza o fogo para médio-baixo e continue mexendo até que a mistura engrosse e comece a borbulhar *(mais 3 a 4 minutos)*.
- Despeje o mingau de aveia em tigelas.
- Adicione uma colher de sopa de creme de leite e um fio de mel por cima para dar cremosidade e um toque de doçura. Se preferir, polvilhe um pouco de canela em pó para realçar o sabor.
- Sirva o mingau à moda narniana quentinho e desfrute de um café da manhã ou lanche maravilhoso.

Mateus 11:28 nos oferece um convite, prometendo descanso e alívio para nossas almas cansadas e sobrecarregadas. "Vinde a mim, todos os que estais cansados e oprimidos, e eu vos aliviarei" diz Jesus. Assim como o mingau nos aquece e conforta, Jesus nos oferece um refúgio espiritual, um lugar onde podemos encontrar paz e descanso real. Que o mingau à moda narniana não seja apenas um prato para saciar sua fome física, mas também um lembrete do acolhimento e conforto que Jesus nos promete.

Almoço ou jantar

Peixe assado de Aslam

Nível de dificuldade: 🏮🏮🏮🏮🏮

No emocionante desfecho da "*Viagem do Peregrino da Alvorada*", testemunhamos o tão esperado encontro das crianças com Aslam, que se apresenta na forma de um Cordeiro (se você só assistiu aos filmes, recomendo que leia essa crônica, ela é incrível!). Nesse momento de celebração, Aslam oferece às crianças um café da manhã todo especial, e o prato principal não poderia ser outro senão um delicioso peixe assado. Essa referência nos remete ao símbolo presente nas histórias de Jesus, que também compartilhou um peixe assado com seus discípulos após a ressurreição (Lucas 24:42-43).

Provavelmente você já deve ter se deparado com aquele adesivo de carro com o famoso símbolo do peixinho... Esse símbolo cristão do peixe remonta à igreja primitiva, quando os cristãos enfrentavam perseguição e precisavam se identificar secretamente. O peixe era usado como um sinal discreto de sua fé, uma vez que a palavra "peixe" em grego *(ichthys)* era um acrônimo para "*Jesus Cristo, Filho de Deus, Salvador*". Assim, ao exibirem o símbolo do peixe, os primeiros cristãos comunicavam sua identidade como seguidores de Cristo. Além disso, o peixe também possui significados simbólicos na Bíblia, como nos relatos de Jesus multiplicando os pães e os peixes, ou aparecendo aos discípulos após a ressurreição e compartilhando uma refeição com eles. Essa imagem se tornou um lembrete da identidade cristã, da provisão de Deus e da comunhão dos crentes.

Ingredientes

- Filés de peixe
  (pode ser tilápia, pescada, merluza, etc.)
- Suco de limão
- Sal e pimenta, a gosto
- Ervas frescas
  (como salsinha, coentro ou manjericão)
- Azeite de oliva

Modo de Preparo

- Pré-aqueça o forno a 180°C.
- Tempere os filés de peixe com suco de limão, sal e pimenta a gosto. Deixe marinar por alguns minutos para absorver os sabores.
- Em uma assadeira, disponha os filés de peixe e regue-os com um fio de azeite de oliva.
- Pique as ervas frescas e espalhe sobre os filés de peixe.
- Leve a assadeira ao forno e asse por cerca de 15 a 20 minutos, ou até que o peixe esteja cozido e comece a dourar levemente.
- Retire do forno e sirva os filés de peixe assados de Aslam, que podem ser acompanhados de torradas, arroz, salada ou legumes cozidos.

Almoço ou jantar

Almoço do Anão Poggin

Nível de dificuldade: 🏮 🏮 🏮 🏮 🏮

No capítulo 7 de *"A Última Batalha"* somos apresentados a um prato todo diferente preparado pelo anão Poggin: um guisado de pombo! Esse prato incomum desperta nossa curiosidade, afinal de contas, geralmente não estamos acostumados a associar a carne de pombo com um almoço comum. Mas esse trecho me fez lembrar do relato bíblico (em Êxodo 16:11-13) sobre os israelitas sendo alimentados com codornas durante sua jornada no deserto. Após a libertação do Egito, enquanto percorriam o caminho em direção à Terra Prometida, o povo de Israel enfrentou diversos desafios e dificuldades, incluindo a falta de comida. Em resposta às suas queixas, Deus providenciou alimento para eles no deserto. Ele enviou uma grande quantidade de codornas para saciar sua fome. Essas codornas foram uma dádiva divina, um símbolo de provisão e sustento em meio a tantos problemas.

Esse episódio da história dos israelitas é um poderoso lembrete do cuidado de Deus para com o Seu povo, suprindo suas necessidades básicas mesmo em circunstâncias difíceis. É uma história que nos inspira a confiar na provisão divina em nossas próprias vidas. Assim como Deus cuidou e providenciou para os israelitas no deserto, Ele também está presente em nossas vidas, sempre disposto a suprir o que precisamos. Que tal aproveitar essa história e convidar sua família para um almoço especial, preparando esse almoço do anão? Enquanto saboreiam essa deliciosa refeição, podem relembrar e compartilhar as maravilhas que Deus tem feito em suas vidas, cultivando um coração de gratidão e fortalecendo a fé na provisão contínua do Senhor por vocês.

Ingredientes

- 2 frangos inteiros
- 2 colheres de sopa de óleo, se necessário
- 1 cebola média, cortada em fatias
- 200g de cogumelos de sua escolha
- 2 dentes de alho, picados
- 1 colher de sopa de farinha de trigo
- 1 xícara de caldo de galinha
- Um punhado de ervas frescas de sua preferência *(manjericão, tomilho, salsa)*, picadas
- Sal e pimenta, a gosto

Modo de Preparo

- Corte os frangos ao meio, dividindo em peito e perna. Abra as peças para que fiquem mais planas.
- Em uma panela grande, aqueça o óleo em fogo médio-alto. Sele os pedaços de frango, começando pelo lado da pele, até ficarem dourados e crocantes, cerca de 2 a 3 minutos de cada lado. Transfira para um prato.
- Na mesma panela, adicione a cebola e os cogumelos. Cozinhe-os em fogo médio-alto, mexendo para soltar os pedaços dourados do fundo da panela. Continue cozinhando até que a água dos cogumelos evapore e a mistura esteja dourada.
- Adicione o alho e mexa por alguns segundos, até perfumar. Polvilhe a farinha e misture bem.
- Despeje o caldo de galinha na panela e mexa para combinar. Adicione as ervas frescas, o sal e a pimenta.
- Coloque os pedaços de frango sobre o molho na panela. Cozinhe-os em fogo baixo, com a panela tampada, até que a carne esteja macia, por cerca de 1 hora mais ou menos.
- Sirva os pedaços de ave com o molho à parte.

Lanche ou sobremesa

Manjar turco da Feiticeira Branca

Nível de dificuldade: 🏮 🏮 🏮 🏮 🏮

Se você é um pouquinho ansioso (como eu), vou arriscar um palpite: assim que abriu o livro, já procurou essa receita, acertei? Afinal, quem nunca sentiu a vontade de provar o tão famoso manjar turco! Também conhecido como *"Muhallebi"* na Turquia, essa sobremesa tradicional da culinária turca possui uma história e tradição que remontam a séculos. Foi exatamente essa delícia (ou manjar) que Edmundo escolheu quando Jadis lhe ofereceu algo para comer... Confesso que sempre me questionei: como alguém pode trair os próprios irmãos por causa de um doce? Deve ser realmente muito, mas muito gostoso, não é? Mas fique tranquilo, pois agora você terá a oportunidade de aprender a fazer essa receita e saborear essa maravilha por si mesmo!

Ingredientes

- 500 ml de leite
- 4 colheres de sopa de amido de milho (maizena)
- 4 colheres de sopa de açúcar
- 1 colher de chá de essência de baunilha
- Água de rosas *(opcional, para dar um aroma especial)*
- Coco ralado ou pistache triturado para decorar

Modo de Preparo

- Em uma panela, misture o leite, o amido de milho e o açúcar. Mexa bem até dissolver todos os ingredientes.
- Leve a panela ao fogo médio e continue mexendo constantemente até que a mistura comece a engrossar e adquira uma consistência cremosa.
- Adicione a essência de baunilha e, se desejar, algumas gotas de água de rosas para um aroma delicado.
- Continue mexendo até que o manjar atinja uma consistência firme, capaz de desgrudar do fundo da panela.
- Despeje o manjar em uma forma ou em taças individuais previamente untadas com óleo ou água.
- Deixe esfriar em temperatura ambiente e, em seguida, leve à geladeira por algumas horas, até que esteja completamente firme.
- Quando estiver pronto para servir, desenforme o manjar turco em um prato e decore com coco ralado ou pistache triturado.
- Sirva gelado e desfrute dessa deliciosa sobremesa turca!

A história do manjar turco que capturou toda a atenção do Edmundo é bem curiosa, não é? Faz a gente pensar no que realmente nos deixa felizes, no que realmente nos satisfaz. **O Salmo 34:8 diz para "experimentar e ver que o Senhor é bom", o que nos dá a dica: a satisfação verdadeira não vem de momentos passageiros, mas sim do aconchego que encontramos em momentos especiais e no que Deus nos promete e oferece.**

Agora que você tem a chance de provar essa sobremesa famosa, que tal usar o momento para valorizar as pequenas alegrias da vida? Que cada colherada do manjar turco seja um lembrete para notar as coisas boas ao nosso redor. Que essa experiência seja mais do que apenas saborear um doce, mas um momento para reconhecer as verdadeiras doçuras da vida – aqueles momentos e escolhas que nos fazem sorrir só de experimentar.

Lanche ou sobremesa

Puxa-puxa do Mago

Nível de dificuldade: 🏮 🏮 🏮 🏮 🏮

No livro *"O Sobrinho do Mago"*, no início do capítulo 13, deparamo-nos com uma árvore cujo fruto é verdadeiramente especial: o famoso puxa-puxa. No original em inglês, a palavra puxa-puxa também poderia ser traduzida como caramelo. Como seria, então, essa fruta de caramelo ou puxa-puxa? A verdadeira essência do puxa-puxa reside na combinação de manteiga fervente, açúcar e outros ingredientes (cozidos a uma temperatura de 150°C). A nossa versão será mais suave. Utilizaremos ingredientes semelhantes, mas fervidos a uma temperatura mais baixa. Com certeza a Polly e o Digory amariam estar contigo para compartilhar essa suculenta receita!

Ingredientes

- 2 xícaras de açúcar mascavo escuro
- 2 xícaras de leite integral
- ½ copo de creme de leite
- 2 colheres de sopa de xarope de milho claro
- 1/8 colher de chá de sal
- ¼ colher de suco de limão (cerca de 1 limão)
- 1 ½ colher de chá de extrato de baunilha

Modo de Preparo

- Em uma panela grande, coloque o açúcar mascavo, o leite, o creme de leite, o xarope de milho, o sal e o suco de limão. Leve ao fogo médio-alto, mexendo sempre. No início, a mistura vai parecer meio grossa, mas ela vai suavizar enquanto cozinha.
- Cozinhe em fogo médio-alto, mexendo sempre, até que a mistura atinja a temperatura de 114°C, o que deve levar cerca de 30 minutos. Retire imediatamente a panela do fogo. Continue mexendo até que a temperatura diminua um pouco e, em seguida, reserve e deixe esfriar até atingir aproximadamente 50°C.
- Adicione a essência de baunilha e mexa vigorosamente com uma colher de pau até que a mistura fique mais escura e comece a esfarelar. Transfira a mistura para um pedaço de plástico, cubra completamente e amasse suavemente por alguns minutos para amolecer.
- Usando uma pequena colher de biscoito ou seus dedos, retire ou belisque pedaços de um tamanho de um brigadeiro, mantendo-os cobertos enquanto trabalha para evitar que sequem. Modele os pedaços em pequenos troncos para que se assemelhem a tâmaras e coloque-os sobre uma folha de papel manteiga.
- Transfira os puxa-puxa para um recipiente hermético. Eles podem durar várias semanas se armazenados corretamente, embora provavelmente não durem tanto tempo, pois são irresistíveis!

O Puxa-puxa do Mago não é apenas uma sobremesa deliciosa, ele também nos dá uma visão incrível sobre amizade e fé. Assim como o puxa-puxa precisa ser esticado e moldado antes de chegar à sua forma final, nós também podemos "puxar" nossos amigos para mais perto de Deus, ajudando-os a "moldar" uma relação mais profunda com Ele.

Esse ato de "puxar" amigos não é sobre forçar, mas sim sobre convidar. **É demonstrar nossa fé pelo nosso exemplo e oferecer suporte nas jornadas espirituais um do outro (Provérbios 27:17).** Quando compartilhamos nossas experiências com Deus, como quem oferece um pedaço de puxa-puxa, estamos abrindo portas para que nossos amigos possam provar e ver quão bom Ele é.

Sobremesa

Scones da Rainha Gigante

Nível de dificuldade: 🏮🏮🏮🏮🏮

No capítulo 8 de *"A Cadeira de Prata"*, a Rainha Gigante oferece doces para Jill Pole. Esses doces são descritos como maravilhosamente deliciosos e hipnotizantes, fazendo com que Jill fique tentada a comê-los. A Rainha usa esses doces como uma forma de sedução e controle sobre Jill, levando-a a ceder aos seus desejos. Particularmente, pela influência britânica, imagino que esse doce foi o famoso scone!

O doce scone é um clássico da culinária britânica que tem origem na Escócia do século XVI. Originalmente feito com aveia, a receita evoluiu ao longo dos anos e agora inclui ingredientes como farinha de trigo, manteiga e fermento. Os scones se tornaram populares na Inglaterra durante o século XIX e são tradicionalmente servidos no chá da tarde britânico. Eles são apreciados em todo o mundo e existem diversas variações (servidos com diversas geleias), tornando-os um ícone da culinária britânica. Espero que, assim como a Jill, você desfrute muito dessa receita!

Ingredientes

- 450g de farinha de trigo
- 2 colheres de chá de fermento em pó
- 2 colheres de sopa de açúcar
- 1/2 colher de chá de sal
- 100g de manteiga fria, cortada em cubos
- 250ml de leite
- Geleia de sua preferência
- Creme de leite batido *(opcional)*

Modo de Preparo

- Pré-aqueça o forno a 220°C e forre uma assadeira com papel manteiga.
- Em uma tigela grande, misture a farinha, o fermento em pó, o açúcar e o sal.
- Adicione a manteiga fria e esfarele-a com as pontas dos dedos até obter uma textura de migalhas.
- Faça um buraco no centro da mistura e despeje o leite. Misture até formar uma massa macia.
- Em uma superfície enfarinhada, abra a massa com as mãos até ter cerca de 2,5 cm de espessura.
- Use um cortador de biscoitos redondo para cortar os scones e coloque-os na assadeira preparada.
- Asse por cerca de 12-15 minutos, ou até que os scones estejam dourados.
- Deixe esfriar um pouco e sirva com geleia e creme de leite batido, se desejar.

Ao ler sobre Jill Pole sendo seduzida pelos scones, me veio à mente o desafio de resistir às influências que, embora pareçam irresistíveis para nós, podem nos desviar de nossos verdadeiros objetivos e valores. **Romanos 12:2 nos incentiva a não nos conformarmos automaticamente ao padrão deste mundo, mas a buscarmos clareza e direção por meio de uma mente renovada e alinhada com a vontade de Deus.**

Essa passagem bíblica nos motiva a olhar além do imediato e do aparentemente delicioso, nos desafiando a discernir entre o que é genuinamente benéfico e o que pode ser um obstáculo disfarçado em nossa jornada espiritual. Que os scones que você preparar, embora fiquem deliciosos, te lembrem da importância de alimentar não apenas o corpo, mas também o espírito com escolhas que refletem nosso compromisso com o que é verdadeiramente bom, agradável e perfeito aos olhos de Deus.

Para qualquer momento

Chá com o Sr. e a Sra. Castores

Nível de dificuldade: 🏮🏮

O ato de tomar chá é mencionado em várias ocasiões ao longo de *"As Crônicas de Nárnia"*, pois é uma parte importante da cultura britânica, da qual C.S. Lewis era familiar. Assim que Lúcia conhece Nárnia ela é convidada a tomar uma xícara de chá. Na verdade, até Aslam chega a oferecer chá algumas vezes na história.

Tomar chá é mais do que apenas experimentar uma bebida reconfortante, é um convite para uma pausa tranquila em meio à correria da vida cotidiana. Como nos lembra o Salmo 46:10, "Estejam quietos, e saibam que eu sou Deus". Portanto querido(a) leitor(a), esse momento dedicado ao chá pode se tornar uma oportunidade de autocuidado, permitindo-se relaxar e saborear os pequenos prazeres da vida na presença de Deus.

Para te inspirar, escolhi com carinho as 10 melhores receitas de chá britânicas, especialmente adaptadas para o paladar brasileiro. Nessa seleção, você encontrará opções que podem ser preparadas com água quente tradicionalmente, mas também há a opção de experimentar com leite quente, conferindo um toque de suavidade e cremosidade ao seu chá. Sem mais delongas, pegue logo uma xícara, respire fundo e desfrute de um momento de tranquilidade enquanto saboreia cada gole dessas deliciosas bebidas.

- *Chá de hibisco com laranja e gengibre:* Ferva água e adicione flores de hibisco secas, rodelas de laranja e um pouco de gengibre fresco ralado. Deixe em infusão por alguns minutos e sirva quente ou gelado.
- *Chá de frutas vermelhas com erva-doce:* Misture frutas vermelhas, como morangos, amoras e framboesas, com sementes de erva-doce. Adicione água quente e deixe em infusão. Coe e desfrute desse chá frutado e aromático.
- *Chá de canela com maçã e cravo:* Ferva água com pau de canela, fatias de maçã e alguns cravos-da-índia. Deixe em infusão por alguns minutos e desfrute desse chá quente e reconfortante.
- *Chá de camomila com maracujá e mel:* Prepare uma infusão de camomila e adicione suco de maracujá e uma colher de chá de mel. Essa combinação suave e doce é perfeita para relaxar e desfrutar de um momento tranquilo.

- **Chá de laranja com canela:** Ferva água com rodelas de laranja e pau de canela. Deixe em infusão por alguns minutos e sirva quente. O aroma cítrico e o toque de canela proporcionam um sabor reconfortante.
- **Chá de erva-mate com hortelã e limão:** Prepare um chá de erva-mate e adicione folhas frescas de hortelã e suco de limão. A mistura revitalizante oferece uma dose de energia e frescor.
- **Chá de maçã com canela e anis-estrelado:** Ferva água com pedaços de maçã, paus de canela e algumas estrelas de anis. Deixe em infusão por alguns minutos e saboreie esse chá aromático e reconfortante.
- **Chá mate com limão e hortelã:** Prepare um chá mate tradicional e adicione suco fresco de limão e algumas folhas de hortelã. A combinação refrescante é perfeita para os dias quentes.
- **Chá verde com abacaxi e hortelã:** Prepare chá verde e adicione suco de abacaxi fresco e algumas folhas de hortelã. Sirva gelado e desfrute dessa combinação tropical.
- **Chá de limão com gengibre e mel:** Ferva água com fatias de limão e gengibre ralado. Adicione uma colher de chá de mel para adoçar. Essa combinação traz um sabor cítrico e picante, perfeito para fortalecer o sistema imunológico.

Para qualquer momento

Geladinho da Arquelândia

Nível de dificuldade: 🏮🏮

No livro *"O Cavalo e Seu Menino"* (no capítulo 4), somos apresentados a uma deliciosa bebida chamada "Refresco Gelado da Arquelândia". Essa refrescante bebida é descrita como uma mistura de sucos cítricos, ervas aromáticas e gelo, perfeita para aliviar o calor do deserto. Infelizmente, o livro não fornece uma receita detalhada, mas podemos imaginar que essa bebida seja uma combinação bem refrescante! Foi aí que pensei: por que não fazer uma versão dessa bebida, mas em forma de geladinho? Essa é a receita perfeita para o verão!

Ingredientes

- 1 xícara de creme de leite
- 1/3 xícara de açúcar refinado
- 1 colher de chá de extrato de laranja
- 1 colher de chá de essência de baunilha
- 2 xícaras de suco de laranja fresco *(cerca de 8 laranjas)*

Modo de Preparo

- Em uma tigela, bata o creme de leite com o açúcar, o extrato de laranja e a essência de baunilha até obter picos suaves.
- Com a batedeira ligada, despeje lentamente o suco de laranja pela lateral da tigela, raspando as laterais conforme necessário.
- Transfira a mistura para saquinhos de geladinho e coloque no freezer.
- Sirva quando estiver bem gelado e refresque-se!

Já ouviu alguém usar a expressão "fica frio" quando as coisas "esquentam"? É uma maneira de lembrar alguém a manter a calma diante de momentos difíceis, estressantes ou de nervosismo à flor da pele. Afinal, quando ficamos nervosos, é fácil sentir aquele calor subir à cabeça, o que às vezes nos leva a agir por impulso, dizendo ou fazendo coisas das quais podemos nos arrepender mais tarde.

Provérbios 16:32 toca justamente nesse ponto, mostrando que "melhor é o homem paciente do que o guerreiro, mais vale controlar o seu espírito do que conquistar uma cidade". Esse verso não está dizendo que a força ou a coragem não têm valor, mas sim que a verdadeira força se encontra na paciência e no autocontrole sobre nossas próprias reações. Então, da próxima vez que você estiver em uma situação daquelas, que faça seu interior "ferver", lembre-se do geladinho da Arquelândia. Deixe que a paciência e o autocontrole sejam o seu refresco, trazendo paz não só para você, mas também para aqueles ao seu redor... fica frio!

Café da manhã ou algum lanche

Biscoitos de Batalha do Tirian

Nível de dificuldade: 🏮 🏮 🏮 🏮

No capítulo 8 de *"A Última Batalha"* Tirian, o último rei de Nárnia, é apresentado como um personagem corajoso e destemido. Ele liderou os narnianos na batalha contra o falso Aslam e os Calormanos, defendendo a verdade e a liberdade de Nárnia. Tirian mostrou grande determinação e liderança, motivando seus companheiros a lutarem com muita valentia. Por causa da sua bravura e devoção, Tirian se torna um símbolo de esperança e inspiração para todos os Narnianos.

E você quer saber qual era o grande segredo de Tirian? Seus biscoitos! Brincadeiras à parte, essa crônica menciona que seus soldados fizeram uma pausa na batalha para saborear alguns biscoitos. Afinal, quem não gosta de dar uma pausa na correria para desfrutar de deliciosos biscoitinhos? Acompanhados por uma das receitas de bebidas que compartilhamos, essa combinação certamente tornaria o momento ainda mais especial. Todos nós temos que enfrentar "batalhas" diariamente, conforme nos lembra Efésios 6:13: "Por isso, tomem toda a armadura de Deus, para que possam resistir no dia mau e permanecer inabaláveis, depois de terem feito tudo". Mas, como bem dizia minha mãe, "saco vazio não para em pé"! Lutar com a barriga vazia? Nem pensar! Então, que tal preparar alguns biscoitos e uma bebida, fazer uma pausa e aproveitar um momento de tranquilidade, assim como os valentes soldados de Tirian fizeram?

Ingredientes

- 2 xícaras de farinha de trigo
- 1 xícara de amêndoas finamente moídas
- 1 xícara de leite em pó desnatado
- 1 colher de chá de bicarbonato de sódio
- 1/2 colher de chá de sal
- 2 colheres de chá de cardamomo moído
- 1 xícara de manteiga
- 1 xícara de açúcar
- 2 ovos grandes

Modo de Preparo

- Ajuste as prateleiras do forno nas posições superior e inferior do meio e pré-aqueça o forno a 180°C. Forre duas assadeiras com papel manteiga.
- Em uma tigela grande, misture a farinha, as amêndoas moídas, o leite em pó, o bicarbonato de sódio, o sal e o cardamomo.
- Em uma tigela separada, usando uma batedeira elétrica, bata a manteiga e o açúcar até obter uma mistura leve e fofa, raspando as laterais conforme necessário, por cerca de 5 minutos.
- Adicione os ovos, um de cada vez, à mistura de manteiga e o açúcar, batendo bem após cada adição até que estejam incorporados.
- Adicione a mistura de farinha à massa e bata em velocidade baixa até incorporar completamente, raspando as laterais conforme necessário.
- Divida a massa ao meio. Trabalhando com uma metade de cada vez, abra a massa em uma superfície enfarinhada até atingir mais ou menos dois dedos de espessura e corte círculos com um cortador de biscoitos.
- Coloque os biscoitos em uma assadeira, deixando uma distância de 1,3 cm entre eles. A massa dos biscoitos pode ser enrolada novamente conforme necessário.
- Asse por 10 minutos, girando e alternando as assadeiras na metade do tempo de cozimento, até que os biscoitos fiquem levemente dourados na parte inferior *(a parte superior deve estar clara)*.
- Repita o processo com a massa restante.
- Deixe os biscoitos esfriarem e ... atacar!

Café da manhã ou algum lanche

Biscoitos natalinos de Nárnia

Nível de dificuldade: 🏮 🏮 🏮 🏮

Por mais que você não tenha experimentado, pelo menos deve conhecer o famoso biscoito natalino... Aquele lá que até aparece nos filmes da franquia do *Shrek*! Já que te ensinamos a fazer um biscoito de batalha do Tirian, por que não aproveitar e aprendermos o famoso biscoito natalino? Sim, é verdade que não vemos essa receita em Nárnia, porém, se até o Papai Noel apareceu na história, por que não imaginar que ele levou uns biscoitos desse com ele, junto com presentes?

Ao longo do tempo, a tradição desses biscoitos tem se espalhado pelo mundo, sendo passada de geração em geração, carregando consigo histórias, receitas familiares e um toque de doçura para celebrar o tal do espírito natalino.

Ingredientes

- 2 xícaras de farinha de trigo
- 1/2 xícara de açúcar
- 1/2 xícara de manteiga em temperatura ambiente
- 1 colher de chá de essência de baunilha
- 1/2 colher de chá de canela em pó
- 1/4 colher de chá de noz-moscada em pó
- 1/4 colher de chá de cravo-da-índia em pó
- 1 pitada de sal
- Açúcar de confeiteiro para polvilhar

Modo de Preparo

- Pré-aqueça o forno a 180°C.
- Em uma tigela, misture a farinha, o açúcar, a canela, a noz-moscada, o cravo-da-índia e o sal.
- Adicione a manteiga em temperatura ambiente e a essência de baunilha. Misture bem até obter uma massa homogênea.
- Forme pequenas bolinhas com a massa e coloque-as em uma assadeira forrada com papel manteiga, deixando um espaço entre elas (se tiver alguma forminha de algum personagem, aproveite e use sua imaginação!).
- Com as costas de um garfo, pressione levemente cada bolinha para formar um desenho decorativo (caso não tenha as forminhas mencionadas acima).
- Leve ao forno por cerca de 12-15 minutos, ou até que os biscoitos fiquem dourados nas bordas.
- Retire do forno e deixe esfriar completamente.
- Polvilhe açúcar de confeiteiro por cima dos biscoitos antes de servir.

Ao pensar nesses biscoitos, somos lembrados das tradições e da alegria que o Natal traz, mas não podemos esquecer do verdadeiro motivo para essa celebração: Jesus Cristo.

O Natal é o momento de celebrar o nascimento de Jesus, o verdadeiro Leão que veio ao mundo para nos salvar, guiar e trazer esperança. Então, por que não aproveitar a tradição desses biscoitos natalinos para ir além da doçura e do sabor? Imagine preparar esses biscoitos em casa, colocá-los em pacotinhos especiais junto com um cartão destacando Jesus como o verdadeiro símbolo do Natal, e depois presentear seus vizinhos. Seria uma forma prática de cozinhar, se divertir comendo e, claro, uma maneira carinhosa de espalhar a verdadeira mensagem natalina: todo menino quer ser homem; todo homem quer ser rei; todo rei quer ser Deus, mas só Deus quis ser menino.

Sabores de Nárnia

Conclusão

Conforme observado por um erudito religioso, o evangelho de Lucas relata dez momentos cruciais da vida de Cristo, e cada um deles ocorre durante uma refeição. Jesus valorizava tanto o ato de compartilhar refeições com as pessoas, que os escribas e fariseus o criticavam, dizendo: "Este homem recebe pecadores e come com eles" (Lucas 15.2). Até mesmo na oração do Pai Nosso, somos ensinados a agradecer pelo "pão nosso de cada dia". Se a comida e as refeições eram importantes para o nosso Mestre, por que não lidamos com elas de forma diferente?

Há algum tempo, aprendi que os judeus não pedem a bênção pela comida. Ao contrário, eles veem a própria comida como já sendo uma bênção. Para eles, a comida é uma manifestação da bênção de Deus, que lhes proporcionou trabalho e recursos para adquiri-la. Eles têm a oportunidade de compartilhar essa bênção materializada com suas famílias e amigos. Quando oram, simplesmente agradecem pela comida. Desafio você a experimentar essa abordagem e a não pedir a bênção, mas sim agradecer pela comida!

Espero que este livro de receitas lhe proporcione momentos memoráveis, estimulando ainda mais sua imaginação e promovendo conexões significativas ao seu paladar. Que cada prato preparado a partir destas receitas seja uma oportunidade para vivenciar um pouco da "magia" de Nárnia em sua própria vida.

Agradeço a todos que me apoiaram nesta jornada e convido você a se aventurar em Nárnia por meio dessas receitas (e se quiser se aprofundar ainda mais nesse mundo, recomendo meu outro livro: *"O Outro Nome de Aslam: A Simbologia Bíblica nas Crônicas de Nárnia"*). Lembre-se de que, assim como em Nárnia há sempre mais do que aparenta, o sabor da vida pode ser aprimorado pela alegria de cozinhar e compartilhar momentos especiais com aqueles que amamos.

Bibliografia

Bucholz, Dinah. *The Unofficial Narnia Cookbook: From Turkish Delight to Gooseberry Fool-Over 150 Recipes Inspired by The Chronicles of Narnia* (Naperville: Sourcebooks Explore, 2012).

Ditchfield, Christin. *Descubra Nárnia: As Crônicas de Nárnia de C. S. Lewis*, tradução Hedy Maria Scheffer Silvado (Curitiba: Publicações RBC, 2010).

Duriez, Colin. *Manual prático de Nárnia* (Barueri: Novo Século, 2005).

Lewis, C. S. *As Crônicas de Nárnia* (São Paulo: Editora WMF Martins Fontes, 2009).

_____. *Prince Caspian: The Return to Narnia* (New York: Harper Collins Publishers Ltd, 2014).

_____. *The Horse and His Boy* (New York: Harper Collins Publishers Ltd, 2014).

_____. *The Last Battle* (New York: Harper Collins Publishers Ltd, 2014).

_____. *The Lion, the Witch and The Wardrobe* (New York: Harper Collins Publishers Ltd, 2014).

_____. *The Magician´s Nephew* (New York: Harper Collins Publishers Ltd, 2014).

_____. *The Silver Chair* (New York: Harper Collins Publishers Ltd, 2014).

_____. *The Voyage of the Dawn Treader* (New York: Harper Collins Publishers Ltd, 2014).

Miranda, Vinícius A. *O Outro nome de Aslam: A Simbologia Bíblica nas Cronicas de Nárnia* (Osasco: Editora 100% Cristão, 2019).

Sammons, Marta C. *A Guide Through Narnia* (Illinois: Harold Shaw Publishers, 1979).

Titus, Devi. *Experiência da mesa: O segredo para criar relacionamentos profundos* (São Paulo: Mundo Cristão, 2019).

Weinstein, Miriam. *The Surprising Power of Family Meals: How Eating Together Makes Us Smarter, Stronger, Healthier and Happier* (Hanover: Steerforth, 2006).

Wilson, Douglas. *O que aprendi em Nárnia* (Brasília: Monergismo, 2018).

Crie a sua própria receita inspirada em Nárnia!

Sabores de Nárnia

Nome da receita:

Cole uma foto da receita aqui!

Crie a sua própria receita inspirada em Nárnia!

Sabores de Nárnia

Nome da receita:

Cole uma foto da receita aqui!